Glitzerhexe ✵ Funkelstern

Glitzerhexe Funkelstern

Seit mehr als 30 Jahren steht der Name „Christophorus" für kreatives und künstlerisches Gestalten in Freizeit und Beruf.

Genauso wie dieser Band ist jedes Christophorus-Buch mit viel Sorgfalt erarbeitet:
Damit Sie Spaß und Erfolg beim Gestalten haben – und Freude an schönen Ergebnissen.

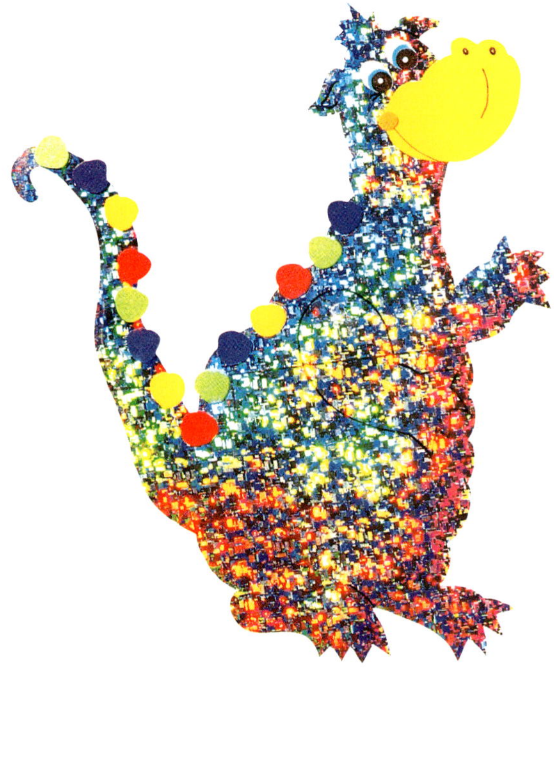

CHRISTOPHORUS
Bücher mit Ideen

Gudrun Hettinger und Ingrid Moras

Glitzerhexe ✵ Funkelstern

Mobiles & Fensterbilder
mit Hologramm-Papier

Mit beigelegten Hologramm-Papier
in Gold und Silber

Christophorus

Inhalt

7 Glitzerhexe - Funkelstern

8 Material und Technik

9 Schritt für Schritt zum Fensterbild

Motive aus der Märchenwelt

10 Zwei freche Drachen

12 Hokus Pokus . . .

14 Wilde Walpurgisnacht

16 Feenzauber

18 Froschkönig

20 Einhorn im Zauberwald

22 Sterntaler

24 Kleiner Muck auf dem fliegenden Teppich

26 Flötenzauber

Motive aus einer phantastischen Welt

28 Sternenzauber

30 Gespensternacht

32 Kleine Meerjungfrau

34 Manege frei!

36 Eulen in dunkler Nacht

38 Glitzerfische im Funkelmeer

Motive zur Winter- und Weihnachtszeit

40 Winternacht

42 Himmels-Schaukel

44 Vorlagen

Glitzerhexe - Funkelstern

Mit phantastischen Motiven einer glitzernden Märchenwelt verzaubern Sie Kinderzimmer und Kindergarten. Die funkelnden Bilderszenen faszinieren - Licht bricht sich in den Facetten des Hologrammpapiers und schillert in unzähligen Farben. Und damit groß und klein gleich mit dem Basteln anfangen können, liegt diesem Band das „Zauperpapier" schon bei.

Das Silberpapier schafft je nach Tageslicht variierende Farbeffekte, ähnlich dem Lichtspiel eines Prismas. Hologrammpapier in Gold glitzert in warmen Farbtönen.

Die Einsatzmöglichkeiten dieses Papiers sind vielfältig: Möchten Sie nur wenige funkelnde Akzente setzen, oder gefallen Ihnen Motive, ganz mit Hologrammpapier gestaltet, am besten? Bei dem ersten Fensterbild, dem kleinen frechen Drachen von Seite 10, sehen Sie die unterschiedlichen Effekte besonders gut.

Lassen Sie sich und Ihre Kinder verzaubern!

Material und Technik

1. Hologrammfolie auf Rollen
2. Hologrammpapier
3. Schere, Schneidemesser (Skalpell)
4. Kreisschneider
5. Motivstanzer „Sterne"
6. Ton- und Regenbogenkarton
7. Klebstoff
8. Klebepunkte
9. Filzstift, weißer Lackstift von C. Kreul

Hologrammpapiere, -karton und -folie
Es gibt sowohl Hologrammpapier (ca. 60 - 120 g), -karton (ca. 300 g), selbstklebende Folie auf Rollen mit 40 x 100 cm (0,08 mm stark) und selbstklebende Folienbogen mit 23 x 33 cm in verschiedenen farbigen Glanz- und Struktureffekten. Die von der Schutzschicht abgelöste selbstklebende Folie kann auf Tonkarton aufgezogen oder auch direkt zur Verzierung auf dem Motiv plaziert werden.
Die Hologrammteile funkeln bei Lichteinwirkung wie tausend kleine Lichter in den unterschiedlichsten Farben. Sie reflektieren äußerst effektvoll je nach Hintergrund und Bewegung. Am besten hebt sich das Hologrammpapier von dunklen Hintergründen ab. Bedenken Sie jedoch, daß hier häufig weniger mehr ist.

Verarbeitung
Die Motivformen werden auf der Rückseite ggf. spiegelverkehrt aufgezeichnet.
Werden größere Flächen mit selbstklebender Folie gestaltet, dann erst einen kleinen Teil auf dem Untergrund anlegen, festdrücken, dann nach und nach die restliche Schutzschicht vorsichtig abziehen und die Folie gleichmäßig glattstreichen.

Tonkarton und Regen-bogenkarton
Diese Kartons gibt es in verschiedenen Farben und Farbschattierungen. Auch mit genarbtem bzw. geprägtem Bastelkarton erzielt man ganz besondere Effekte. Beim Regenbogenkarton sollte unbedingt der Farbverlauf in die Gestaltung mit einbezogen werden, z.B. die „Lichtseiten" mit hellerem Verlauf auswählen.

Ausschneiden
Exakte Kanten erzielen Sie nur mit dem richtigen Schneidewerkzeug. Eine gut schneidende, spitze Schere, für Rundungen eine Nagel- oder Silhouettenschere sowie ein Schneidemesser (Skalpell) oder Cutter und ein Kreisschneider sind wichtige Hilfsmittel. Wichtig ist ebenfalls eine gute Schneideunterlage, z.B. eine Schneidematte.
Mit Lochzange, Bürolocher oder Motivstanzer lassen sich verschiedene Formen leicht ausstanzen.

Montage von Mobiles
Zum Verbinden von Einzelteilen und zum Aufhängen des Mobiles am besten Perlonfäden (0,15 mm ∅) verwenden. Vor dem endgültigen Anbringen der Fäden das Mobile grundsätzlich mit einer provisorischen Befestigung ausbalancieren. Die Löcher mit einer dünnen Nadel knapp am Rand vorstechen. Den Faden nach dem Verknoten mit einem kleinen Klebepunkt fixieren.

Vorder- und Rückseiten
Die von beiden Seiten sichtbaren Motive sollten sowohl von der Vorder- als auch von der Rückseite deckungsgleich gestaltet werden. Dazu die einzelnen Teile doppelt, jedoch einmal davon spiegelverkehrt zuschneiden und gegengleich anordnen.

Schritt für Schritt zum Fensterbild

1 Zur Herstellung einer Schablone Transparentpapier auf die Vorlage legen und die Motive nebeneinander ohne Überschneidungen durchpausen. Auf einen dünnen Karton kleben und ausschneiden.

2 Die Schablone auf den Tonkarton legen, die Umrisse mit einem weichen Bleistift umfahren, mit einer Schere oder Schneidemesser sorgfältig ausschneiden.

3 Die Teile anordnen und zusammenkleben. Das rote Mundteil wird hier hinter den Ausschnitt im Kopfteil geklebt. Mit Filz- oder Lackstiften das Gesicht aufzeichnen.

4 Verwenden Sie entweder Hologrammpapier oder ziehen Sie die selbstklebende Hologrammfolie auf einen Tonkarton auf. Für kleine Verzierungen wie Punkte, Fenster, Sternchen usw. kann die ausgeschnittene selbstklebende Folie auch direkt auf dem Motiv angebracht werden.

5 Auf der Rückseite des Hologrammpapiers die Schablonen auflegen, aufzeichnen und ausschneiden ggf. spiegelverkehrte Anordnung beachten. Kreise werden am besten mit einem Kreisschneider ausgeschnitten. Hier wird die Krone beidseitig mit Hologrammfolie gestaltet bzw. Hologrammpapier doppelt zusammengeklebt. Krone und Kugel auf dem Froschmotiv befestigen.

Tip Wenn Sie die Vorlage für die Schablone auf ein etwas stärkeres Papier fotokopieren, ist das Durchpausen und Aufkleben der Motive nicht mehr erforderlich. Sich überschneidende Motive sollten mehrmals kopiert werden.

Zwei freche Drach…

1 Glitzerdrache: Das Körperteil wird komplett aus Hologrammpapier gestaltet. Auf den Rücken die bunten Fotokartonzacken anbringen. Die gelbe Schnauze, die Wange und die Augen aufkleben. Alle Konturen mit einem schwarzen Stift einzeichnen.

2 Funkelzackendrache: An das ausgeschnittene Körperteil hinten die Hologrammzacken befestigen. Den Arm auf den Körper kleben. Schnauze mit Wange und Kulleraugen anbringen. Alle Konturen zeichnen.

Vorlage 1, Seite 44

en

Hokus Pokus ...

1 Das Zaubergewand aus Regenbogenkarton zuschneiden. Nun den Kopf mit Bart und Haaren sowie den Zauberhut aufkleben. Hände und Schuhe dahinter befestigen, und die kleine weiße Taube auf der Schulter plazieren.

2 Die Zauberkugel aus Hologrammpapier ausschneiden, Sternchen mit einem Motivlocher ausstanzen und anordnen.

3 Das Zauberschloß ausschneiden. Darauf die Türme und Mauern in helleren Farbtönen absetzen.

4 Abschließend Fenster und Turmdächer mit Hologrammpapier verzieren. Das Schloß zwischen zwei Wolken anordnen. Diese mit Sternchen (Motivlocher) verzieren.

Vorlage 2, Seite 44

Wilde Walpurgisnac

1 Folgende Teile der Hexe zweifach aus Tonkarton ausschneiden: die Haare und das zusätzliche Haarbüschel, die Augenbraue, die Ärmel, das Oberteil, den Rock, die Schürze und Schürzentasche, alle Teile für die Strümpfe sowie die Flicken und Glitzerelemente für den Ärmel und die Schürze. Nur einmal das Gesicht, die Hände und Füße aus Tonkarton ausschneiden. Das Gesicht auf beiden Seiten aufmalen. Die Teile zusammenkleben.

2 Die Besenteile je zweifach ausschneiden. Den Fortsatz des Zehs beim Zusammenkleben der Stiele dazwischenfassen, den Stiel beidseitig bekleben.

3 Den Raben zweifach, die Flügel, den Schnabel und die Füße je einmal aus Tonkarton ausschneiden. Die Füße am Stiel festkleben, die obere Kralle jeweils über, die untere unter dem Stiel. Die beiden Lagen des Raben zusammenkleben und dabei den Schnabel und die Füße dazwischenfassen. Auf das Auge die Pupille malen. Die Flügel fixieren. Die Schwanzfeder und Flügelspitze an der Hexe ankleben.

4 Den Körper und Kopf des Katers zweifach, das Brustteil, die Schnauze, das Auge und das Innere der Ohren je einmal aus Tonkarton ausschneiden. Beide Lagen jeweils aufeinander fixieren und das Brustteil dazwischenfassen. Das Gesicht mit Filzstift aufmalen. Den Mond mit einer Sichel aus Hologrammpapier bekleben, Sterne aus zusammengeklebtem Hologrammpapier schneiden.

Vorlage 3, Seite 44

Feenzauber

1 Für den Bogen den Tonkarton zusammenkleben. Die senkrechten Streben mit Rechtecken bekleben. Für jede Seite vier Bogen ausschneiden und in der Mitte knicken. Diese vier Bogen deckungsgleich aneinander fixieren und mit den beiden einfachen Lagen auf beiden Seiten des Tores festkleben.

2 Die Figur ausschneiden. Die Motivteile in folgender Reihenfolge aufkleben: Halsteil, Gesicht, weißer Ausschnitt, mintfarbener Ausschnitt sowie Sterne und Monde auf dem Kleid, Besatz an den Ärmeln und Hut, zum Schluß die Haare und die Glitzerelemente auf dem Hut und den Ärmeln. Das Gesicht aufmalen.

3 Die Hände ausschneiden und den Stock mit Filzstift aufmalen und auf der Rückseite festkleben. Bekleben der Rückseite: Besatz an den Ärmeln, durchgehende Haare (siehe gestrichelter Verbindungszacken, Vorlage) und Hut. Mit einem transparenten Nähfaden die Fee am Torbogen einhängen.

4 Jeden Stern zweifach, einmal davon spiegelverkehrt, aus Hologrammpapier ausschneiden. Einen transparenten Nähfaden zwischen den beiden Sternen fixieren. Den Faden zum Schluß an einem der abstehenden Bogen fixieren. Je nach Wunsch an jedem Bogen einen Sternenfaden verknoten und einzelne Sterne auf die Bogen selbst kleben.

Vorlage 4, Seite 44

Froschkönig

1 Auf die ausgeschnittene Frosch-Grundform Köpfe, Beine und Arme festkleben (siehe „Schritt für Schritt" Seite 9).

2 Die einzeln ausgeschnittenen Steine auf der Brunnenform plazieren. Aus Hologrammpapier eine Kugel ausschneiden und ankleben.

3 Ebenfalls eine etwas größere Kugel für den Mobile-Mittelpunkt anfertigen.

4 Die Krone hat einen Durchmesser von 21 cm und 10 Zacken. Den Schnitt auf der Vorlage dazu auf 70 cm verlängern. Für die Aufhängung auf der Innenseite feine Laschen mit Löchern einkleben.

5 Die Frösche und den Brunnen mit feinen Perlonfäden befestigen. Die Kugel in die Gesamtaufhängung integrieren.

Vorlage 5, Seite 44

Einhorn im Zauberw

1 Einen Graukarton mit dunkelblauem Tonkarton bekleben. Drei Bäume aus Fotokarton ausschneiden, einen davon spiegelverkehrt; dabei den Farbverlauf Grün-Blau-Violett verwenden. Blätter aus Tonpapier mit dem Farbverlauf Grün-Blau schneiden.

2 Den Mond aus Hologrammpapier und die beiden gleich ausgerichteten Bäume auf der Grundplatte fixieren, dabei auch Hügel aus Tonpapier aufkleben. Mit dem Anordnen der Blätter am oberen Rand beginnen und überlappend nach unten festkleben, einige Ränder mit Hologrammpapier bekleben.

3 Das Einhorn sowie eine zusätzliche Mähne, zwei Haarbüschel und das Ohr aus Künstlerkarton ausschneiden. Das Gesicht sowie die Abgrenzungslinien mit Filzstift aufmalen, einige Teilflächen mit Farbstift schattieren. Das Horn mit Hologrammpapier bekleben. Die zweite Mähne etwas nach vorne versetzt, Haarbüschel und Ohr aufkleben. Das Einhorn auf dem Bild fixieren.

4 Zuletzt den spiegelverkehrt ausgeschnittenen Baum ganz links mit Hilfe einiger, aus dickem Karton ausgeschnittene Abstandshalter aufkleben. Einige Steine aus Hologrammpapier auf dem Boden fixieren.

Vorlage 6, Seite 44

ald

Sterntaler

1 Alle Teile für das Mädchen ausschneiden und aufeinander fixieren: einen zweiten Arm etwas versetzt nach unten, einen zweiten Fuß etwas versetzt nach vorne auf der Rückseite des Mädchenmotivs. Das Gesicht mit Filzstift und Farbstift aufmalen. Einige Goldtaler aus Hologrammpapier auf dem Kleid fixieren, dann den Rand der Schürze darüber kleben. Die Haare mit goldfarbenem Hologrammpapaier bekleben.

2 Bildfläche, Rahmen, Hügel und Bäume ausschneiden. Mond und Sterne aus silberfarbenem Hologrammpapier fertigen. Alle Motivteile auf die Bildfläche kleben, den Rahmen aufkleben und das Mädchen fixieren.

3 Goldtaler aus Hologrammpapier ausschneiden und nach Wunsch aufkleben. Blätter aus Regenbogen-Fotokarton mit dem Verlauf Gelb-Grün ausschneiden und überlappend von oben nach unten fixieren und dabei über den Rahmen hinaus „wachsen" lassen.

4 Beim linken Bild den Rahmen sowie das Mädchen zum Schluß aufkleben, und die überstehenden Blätter bündig mit dem Rahmen abschneiden.

Vorlage 7, Seite 44

Kleiner Muck auf dem fliegenden Teppich

1 Die einzelnen Teile des Palastes aus Regenbogenkarton ausschneiden und aufeinander anordnen. Das unterste Teil in Violett, darauf den rot-gelben Turm, dann die grün-blaue Mauer.

2 Fenster und Tore sowie den Mond mit Hologrammpapier gestalten. Auf der Rückseite eine große Wolke und vor dem Palast eine kleinere Wolke mit kleinen Abstandhaltern (Klebekissen) plazieren.

3 Sämtliche Teile für den kleinen Muck ausschneiden und zusammenfügen. Die Teppichränder mit einer Wellenschere in Form schneiden. Sternchen und Mond mit Hologrammpapier (Motivlocher) gestalten. Augen und sonstige Ergänzungen mit Filzstift aufzeichnen. Der fliegende Teppich kann ebenfalls mit Klebekissen auf der Wolke befestigt werden.

Vorlage 8, Seite 44

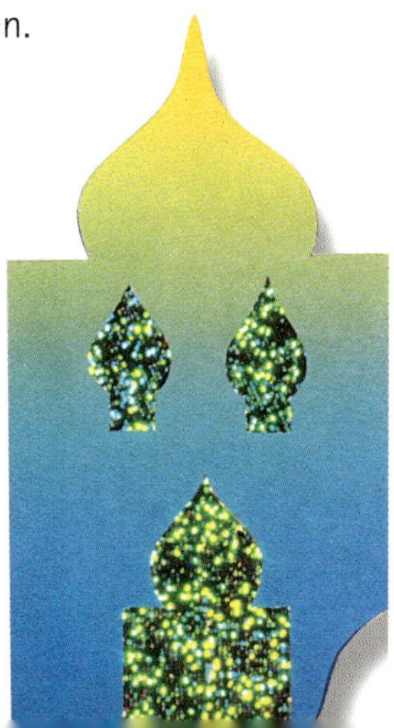

Flötenzauber

1 Den Teppich aus Fotokarton (Farbverlauf Violett-Rot) ausschneiden, seitlich Fransen einschneiden. Die Schlange zweifach aus Hologrammpapier ausschneiden, einmal davon spiegelverkehrt und mit den Tonkartonteilen (Kopf und Dreiecke) bekleben.

2 Den Kopf des Schlangenbeschwörers mit dem angeschnittenem Brustteil einmal, die Hand zweifach ausschneiden. Turban, Arm, Oberteil und Hose sowie den Korb je zweifach aus Tonkarton, die Glitzerelemente des Schlangenbeschwörers zweifach aus Hologrammpapier (einmal davon spiegelverkehrt) ausschneiden. Die Flöte aus goldgelbem Tonkarton fertigen.

3 Alle Teile zusammenkleben. Die Flöte so zwischen den beiden Lagen der Hände fixieren, daß sie den Mund berührt. Die beiden Lagen des Oberteils nur im Schulterbereich aufeinander fixieren, da unten der Teppich dazwischengefaßt werden muß. Die beiden Lagen der Schlange im oberen Fünftel aufeinander fixieren und dabei die rote Zunge dazwischenfassen. Anschließend die beiden Lagen der Schlange um die jeweilige Lage des Schlangenbeschwörers schlingen, den Teppich dazwischenschieben und festkleben. Die Schwanzenden aufeinanderkleben, den Korb auf beiden Seiten des Teppichs deckungsgleich fixieren und mit orangefarbenen Verzierungen bekleben.

4 Gesichter und Flötengriffe mit Filzstift aufmalen. Wangen aus orangefarbenem Tonkarton aufkleben. Einen Faden als Aufhängung durch die Schlange ziehen. Nase und Lippen ein wenig mit Rot bemalen.

Vorlage 9, Seite 44

Sternenzauber

1 Für die Bildgrundlage entweder Regenbogen-Tonpapier oder dunkelblauen Künstlerkarton auf einen beliebigen Fotokarton kleben und ausschneiden. Die Bäume aufkleben; den Maulwurfshügel auf der grünen Bergfläche fixieren.

2 Den Dachs, den Hasen und den Maulwurf anfertigen. Mund, Nase und Auge jeweils mit Filzstift einzeichnen. Die Figuren aufkleben. Die Rückenkante des Dachses mit Hologrammpapier bekleben.

3 Mond, Sterne und den Schweif des Sterns aus Hologrammpapier ausschneiden und auf der Himmelsfläche verteilen. Nach Wunsch Blätter ausschneiden und an den Ästen fixieren.

Vorlage 10, Seite 44

Gespensternacht

1 Das Gespensterschloß ausschneiden. Dächer, Fensterflächen und Steine aus Tonpapier in Regenbogenfarben aufkleben. Die beiden kleinen Fenster, die Fensterrahmen und Balken anfertigen. Einen ca. 5 cm hohen Streifen dunkelgrauen Kartons am unteren Rand des Schloßes so fixieren, daß er etwas übersteht. Die Knicklinien zur jeweiligen Mauer vorprägen, anschließend die Mauer nach hinten knicken.

2 Die Gespenster und den Mond ausschneiden. Die Hände, die ovalen Formen für die Augen und die Regenrinne anfertigen. Die Augenhöhlen der Gespenster und den Mund mit Folienstift aufmalen, das weiße Auge fixieren und die Pupille aufmalen. Den Mond und das Gespenst auf der Mauer aufkleben. Alle Gespenster und die Regenrinne auf dem Haus fixieren.

3 Das Regenfaß aus Tonpapier (Farbverlauf Violett-Grün) schneiden und über dem Gespenst fixieren. Die Fensterrahmen über den Fensterflächen fixieren. Die Hände beim Gespenst auf der Mauer an den Zinnen, beim Gespenst in der Regentonne auf dem Faß festkleben. Einzelne funkelnde Wassertropfen aufkleben.

Vorlage 11, Seite 44

Kleine Meerjungfrau

1 Die große Welle zweifach aus Fotokarton ausschneiden. Das Gesicht und die Arme der Meerjungfrau ausschneiden; die Haare, die drei Haarsträhnen und den Fischschwanz je zweifach aus Regenbogen-Tonpapier ausschneiden. Die beiden Lagen des Fischschwanzes aufeinanderkleben und bis auf das Ende beidseitig mit Hologrammpapier bedecken. Gesicht, Arme und Fischschwanz zwischen den Haaren einkleben. Das Gesicht aufmalen. Am Rücken einen Faden verknoten und diesen mit Klebeband in der Mitte einer Wellenlage fixieren.

2 Jeden Fisch zweifach aus Regenbogen-Tonpapier ausschneiden; auf einer Lage mit Klebeband einen Faden fixieren, anschließend beide Lagen zusammenkleben und beidseitig mit Glitzerpapier bekleben. Auf einen Kreis mit Filzstift das Auge aufmalen. Den Faden so auf der Wellenlage fixieren, daß sich die Figuren nicht gegenseitig behindern.

3 Jedes Seepferd zweifach aus Regenbogen-Tonpapier ausschneiden, auf einer Lage den Faden mit Klebeband fixieren. Für die zackige Rückenkante Hologrammpapier aufeinanderkleben. Auf jeder Seite eine Glitzerflosse aufkleben und das Gesicht aufmalen.

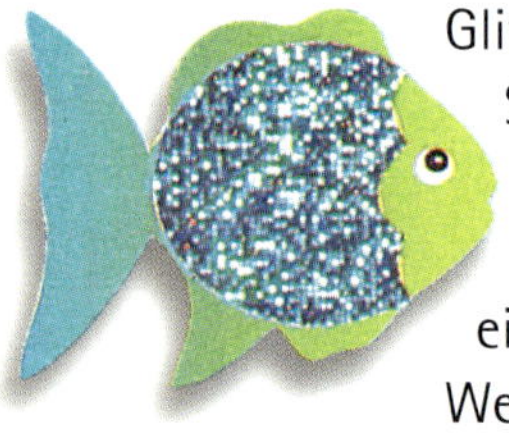

Seepferde und Fische an der Welle festkleben. Zum Schluß die Klebestellen mit der zweiten Lage der Welle bedecken und am oberen Rand in der Mitte einen Faden für die Aufhängung verknoten. Kleine Wellen aus Fotokarton an den Schnüren befestigen, um das Gleichgewicht herzustellen.

Vorlage 12, Seite 44

Manege frei!

1 Auf das blaue Zirkusdach werden die einzelnen Streifen des Hologrammpapiers versetzt aufgeklebt.

2 Auf den Löwenkörper zuerst die Mähne, dann das Gesicht aufkleben. Nun werden alle Konturen gemalt. Zum Schluß wird der Glitzerreifen um den Löwen geklebt.

3 Der Ball des Seehundes wird mit ausgestanzten Locherpunkten aus Hologrammpapieren bestückt. Dem Seehund das Gesicht malen, das Wackelauge plazieren. Den fertigen Seehund nun auf den Ball kleben.

4 Zuerst werden die Haare hinter den Clownkopf geklebt. Nun wird dem Clown der Hut aufgesetzt und das fertige Kopfteil an der Jacke befestigt. Unter den Jackenärmeln die Hände ankleben. An den unteren Bund die Hose fixieren, unten die Beinteile. Die Glitzerschleife ankleben. Auf die Luftballons und auf den Hut wird jeweils mit Plusterpen ein Lichtpunkt eingezeichnet.

Vorlage 13, Seite 44

Eulen in dunkler Nacht

1 Zuerst die große Eule herstellen. Den rechten Flügel jedoch nicht befestigen, da hier das Eulenkind später untergeschoben wird.

2 Auf eine gelbe Tonkartonscheibe eine etwas kleinere Scheibe aus goldenem Hologrammpapier aufkleben.

3 Darauf die beiden Eulen sowie den Ast plazieren und restliche Verzierungen mit Hologrammpapier vornehmen.

Vorlage 14, Seite 44

Glitzerfische im

1 Die Fische aus Regenbogenkarton in verschiedenen Farbverläufen ausschneiden und mit Hologrammpapier verzieren.

2 Die Augen mit Klebepunkten (10 mm ø) gestalten und mit Filzstift bemalen.

3 Die restlichen Verzierungen ebenfalls mit Filzstift aufzeichnen.

4 Als Aufhängung dienen zwei Wellenteile, die ineinandergesteckt werden. Die Fische mit dünnem Perlonfaden in unterschiedlicher Höhe anbringen.

Vorlage 15, Seite 44

Funkelmeer

Winternacht

1 Das Dach mit dem Kamin sowie den Rundbogen aus Tonkarton ausschneiden. Für den Kamin Steine, für das Dach Kreise und den Abschlußstreifen ausschneiden.

2 Die Dachziegel von unten nach ober uberlappend und von Reihe zu Reihe versetzt aufkleben, mit dem Streifen oben abschließen; Überstände seitlich bündig abschneiden. Den Dachkarton unter den runden Dachziegeln entsprechend nachschneiden.

3 Die Steine am Kamin mit etwas Abstand und von Reihe zu Reihe versetzt fixieren; Überstände bündig abschneiden. Die Schneeflächen fixieren. Das Dach auf dem Rundbogen festkleben.

4 Die Katzen ausschneiden, die Pfoten auf die Rückseite kleben. Die Hologrammteile aufkleben, Kreise für die Augen fixieren. Das Gesicht mit Filzstift aufmalen. Die Katzen auf dem Dach plazieren.

5 Die volle Form des Mondes aus Tonpapier schneiden, die Sichel aus Hologrammpapier aufkleben. Den Mond zu einem Drittel auf dem Rundbogen festkleben.

Vorlage 16, Seite 44

Himmels-Schaukel

1 Die Sternschnuppe aus Hologrammpapier ausschneiden, darüber eine kleinere Sternschnuppe aus Tonkarton kleben.

2 Die Einzelteile für das Engelchen zusammenfügen. Die Flügel aus Hologrammpapier zuschneiden und das Kleid mit ausgestanzten Sternchen verzieren.

3 Durch das Brett der Schaukel je einen dünnen Goldfaden ziehen. Am unteren Ende kleine Metallglöckchen festknüpfen, den oberen Teil zuerst hinter den Händen und dann an der Sternschnuppe befestigen.

Vorlage 17, Seite 44

Vorlagen	auf Seite
1, 2, 5	44-45
3, 5	46-47
4, 6	48-49
6, 7	50-51
8, 9	52-53
10, 11	54-55
12, 13	56-57
14, 16	58-59
11, 17	60-61
15	62

2
2
5

Die Hexe, den Kater, die Sterne und den Mond mit Transparent-Nähfäden an einen Bügel aus zusammengeklebtem Tonkarton hängen.

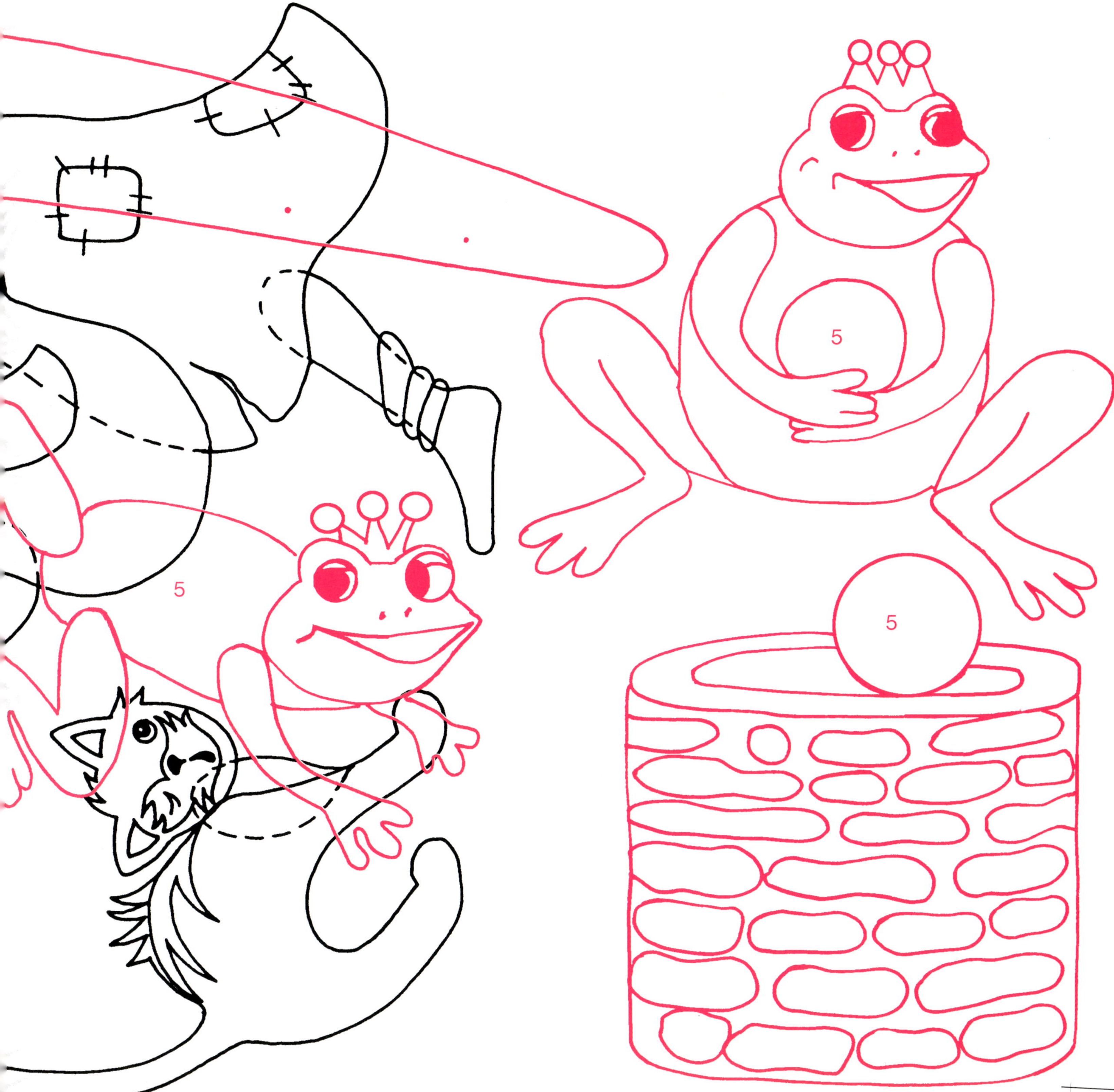
5
5
5

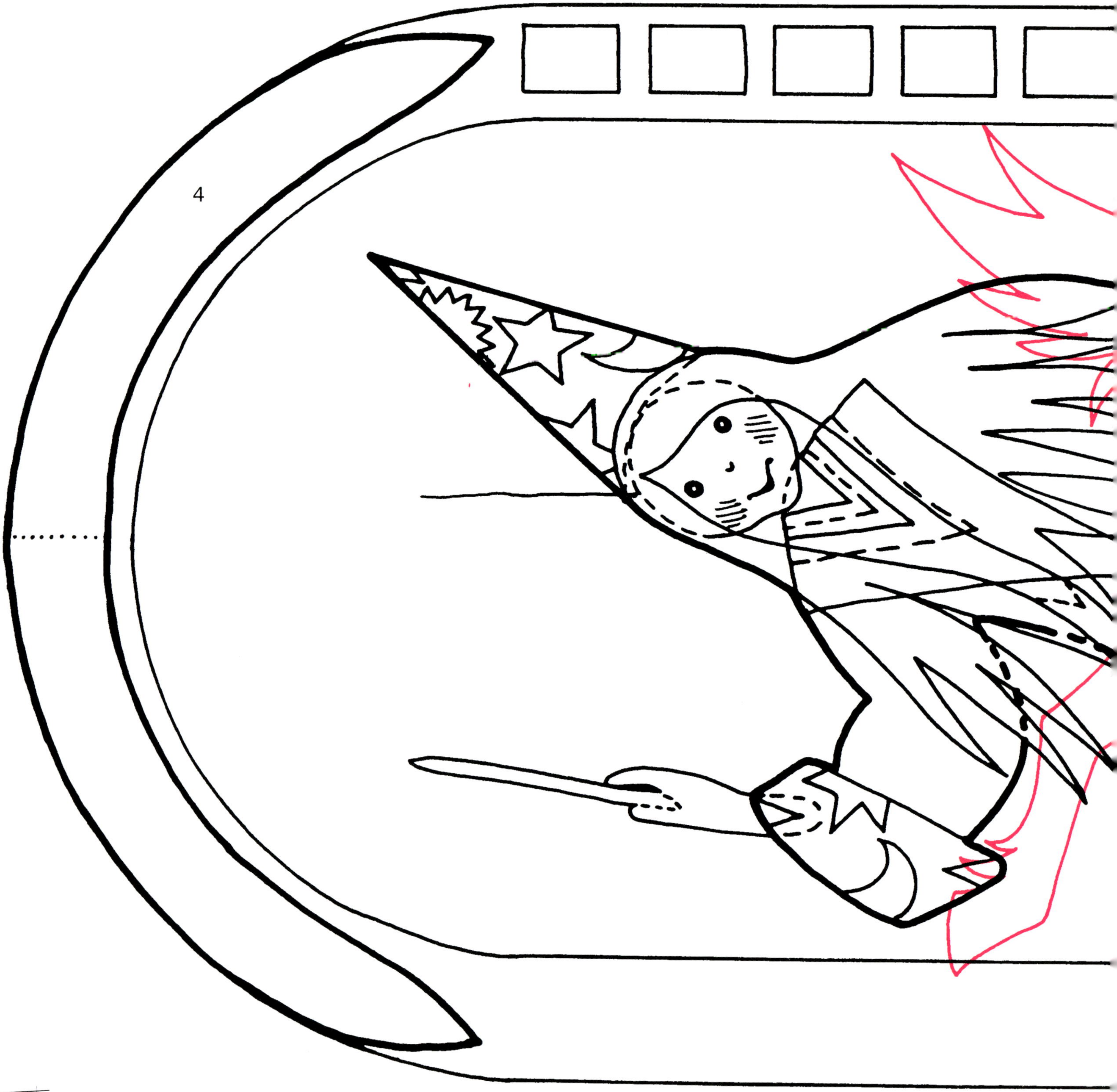
4

6

6

7

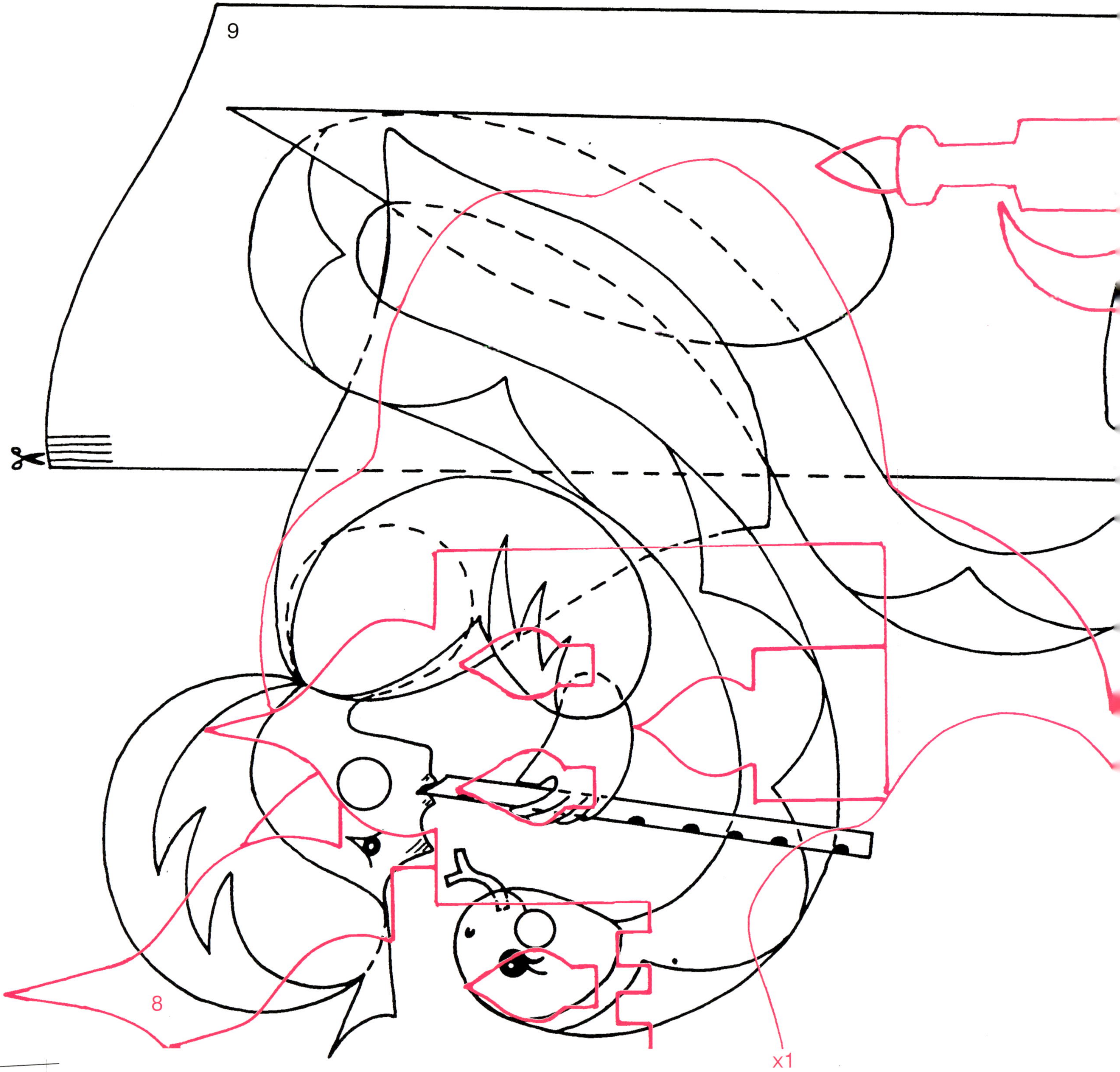
9
8
x1

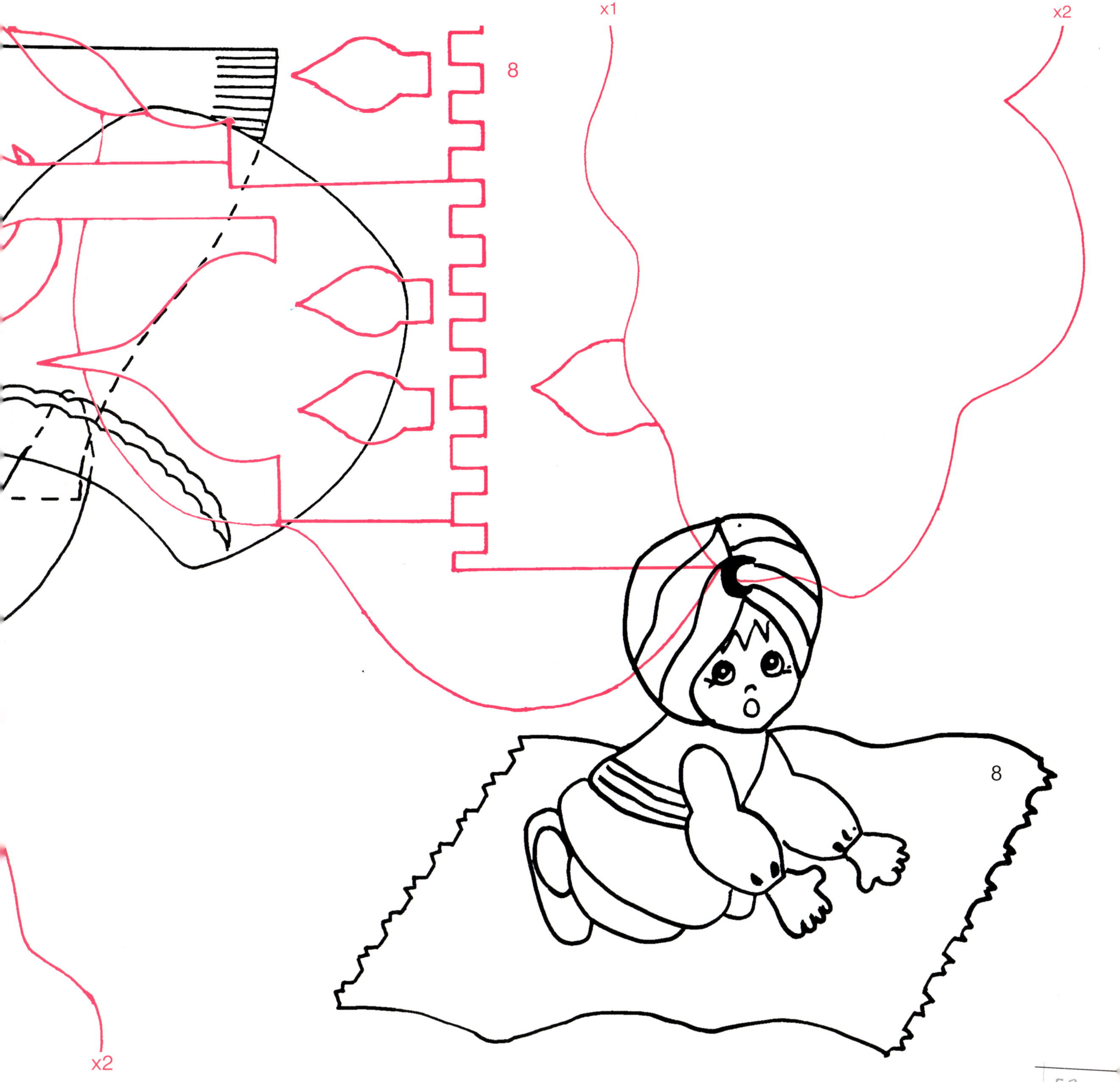
x1
x2
8
8
x2

10

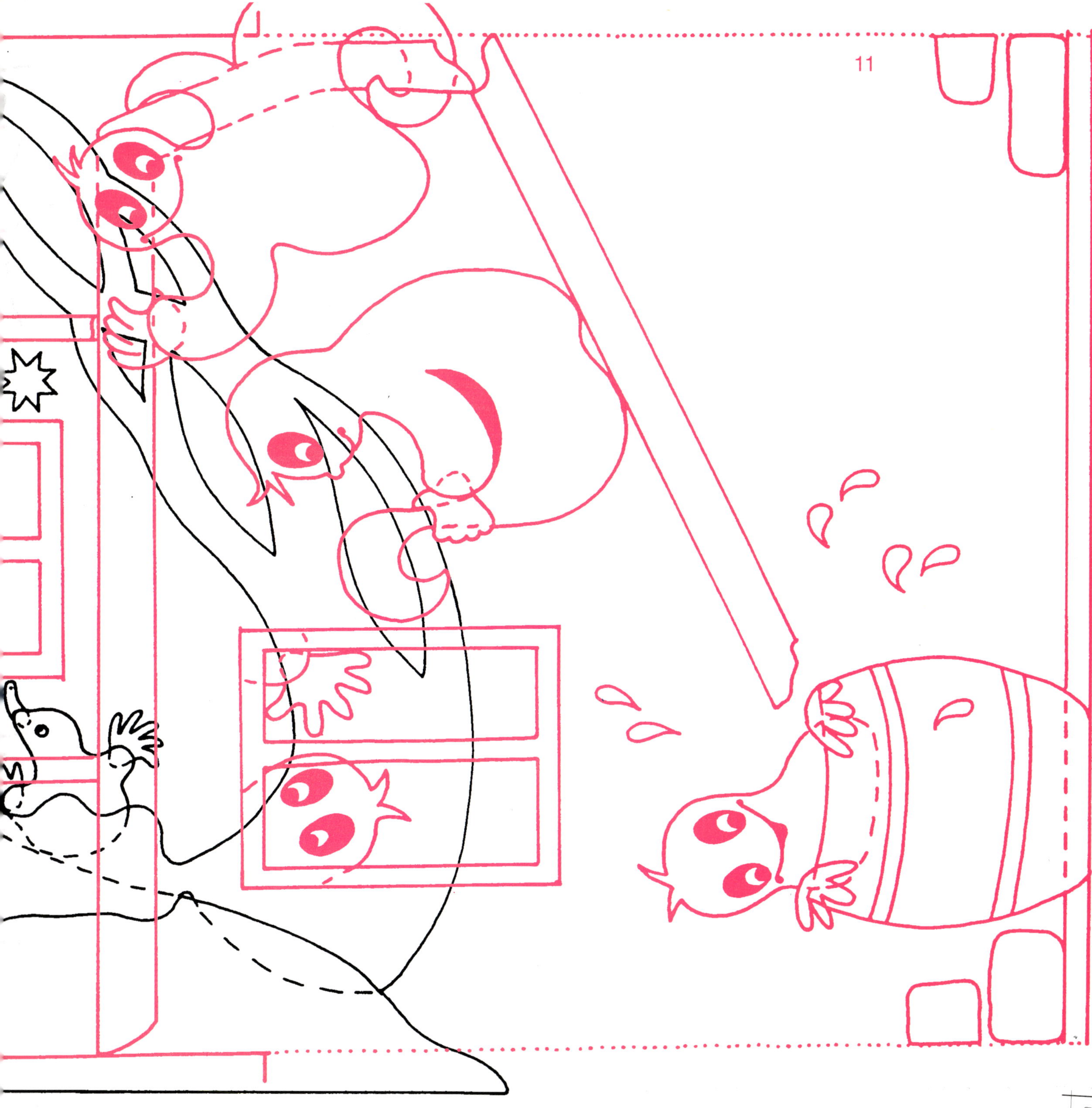
11

12

13

16

10cm
14
10cm

17

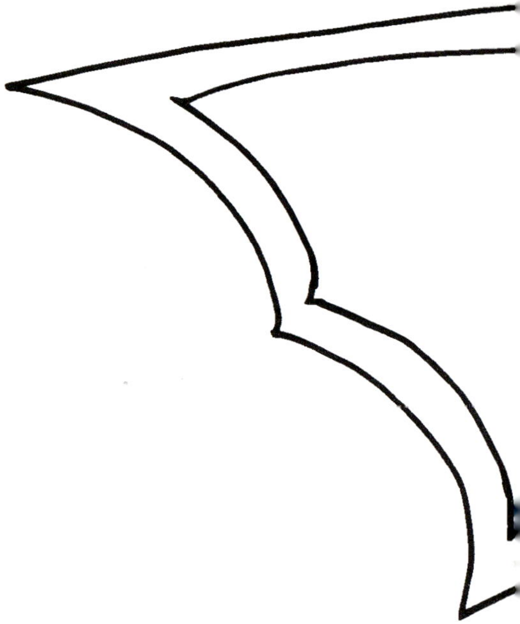

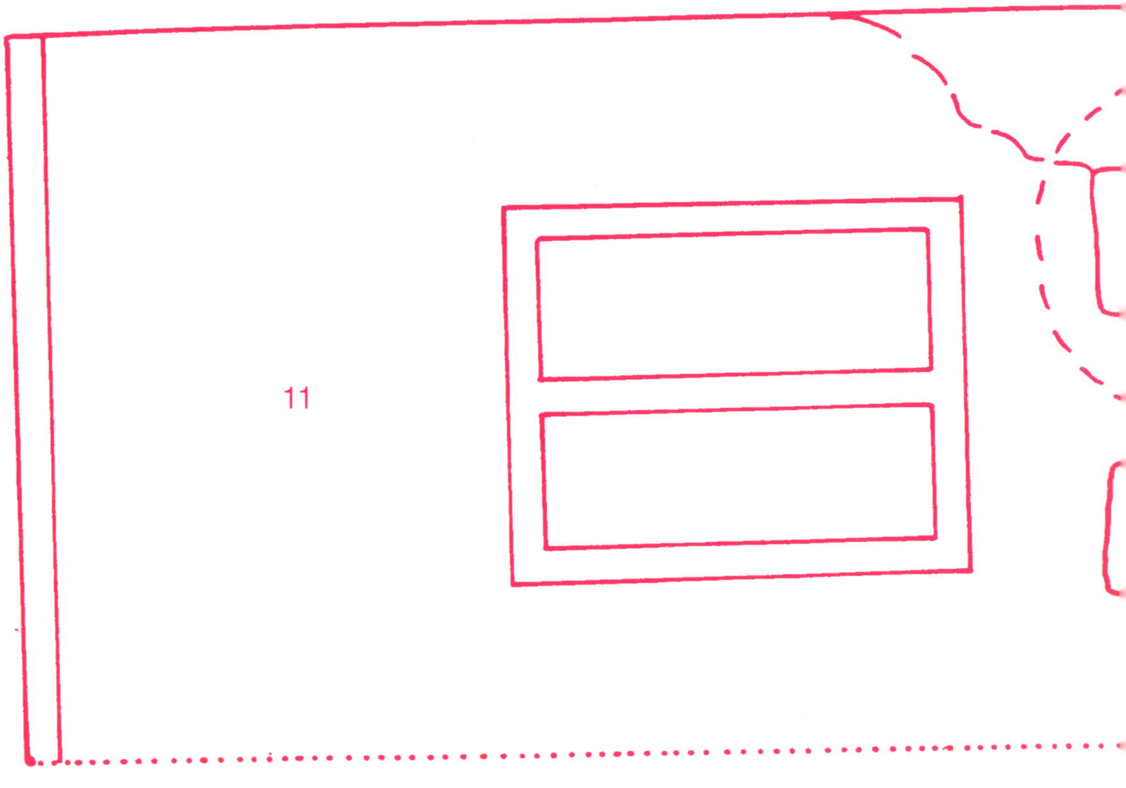
11

17

Impressum

© 1998
Christophorus-Verlag GmbH
Freiburg im Breisgau

ISBN 3-419-53566-x

Fotos: Christoph Schmotz, Freiburg

Modelle:
Gudrun Hettinger, Seite: 8, 9, 12, 13, 18, 19, 24, 25, 36, 37, 38, 39, 42, 43
Ingrid Moras, Seite: 14 – 17, 20 – 23, 26, 27, 28 - 33, 40, 41
Anja Ritterhoff, Seite: 10, 11, 34, 35

Reinzeichnungen:
Holger Simon, Freiburg
Umschlaggestaltung:
Network!, München
Produktion:
Print Production, Umkirch
Druck: Proost, Turnhout 1998